R

47664

RÈGLEMENT

Sur la Prostitution.

PROSTITUTION.

RÈGLEMENT

ET

MESURES

Arrêtées par le Collége des Bourgmestre et Echevins, pour l'exécution du Réglement de Police sur la Prostitution, en date du 18 Avril 1844.

BRUXELLES,

IMPRIMERIE DE VERRASSEL-CHARVET, PETITE RUE NEUVE DES CARMES, N° 23.

1844.

RÈGLEMENT
SUR LA PROSTITUTION.

LE CONSEIL COMMUNAL,

Considérant que le règlement sur la prostitution actuellement en vigueur, ne contient pas toutes les dispositions dont l'expérience a fait connaître la nécessité, et qu'il n'est pas en harmonie avec les lois qui lui sont postérieures;

Voulant pourvoir par des mesures plus complètes à tout ce qui concerne cette partie importante de la police administrative;

Vu les articles 78 et 96 de la loi du 30 mars 1836;

ARRÊTE :

SECTION 1re.

Des filles publiques, de leur inscription et de leur radiation.

Article 1er. — Sont réputées filles publiques, toutes filles ou femmes qui se livrent habituellement à la prostitution.

Elles sont divisées en deux catégories :

Art. 10. — Les filles éparses sont divisées en quatre classes.

Elles paieront à chaque visite :

Celles de la 1re classe. . . . . 40 centimes.

   »   2e   »   30   »

   »   3e   »   15   »

   »   4e   »   ne paieront aucune rétribution.

Cette dernière classe comprend toute prostituée qui aurait plus de 40 ans, et celle qui est mère d'un ou de plusieurs enfants qu'elle entretient.

Art. 11. — Aucune fille éparse ne pourra demeurer chez un débitant de boissons.

Art. 12. — Le carnet dont il est question à l'article 6, se payera par ces filles :

Par celles de 1re classe. . . . . fr. 1 50

   »   2e   »   . . . . » 0 75

   »   3e et 4e   . . . . » 0 25

Art. 13. — Lorsqu'une fille publique enregistrée désirera obtenir sa radiation, elle devra en faire la demande au Collége des Bourgmestre et Échevins, lequel statuera comme il appartiendra.

La radiation aura lieu d'office en cas de mort ou de mariage.

Art. 14. — La radiation sera telle que toute trace d'inscription disparaisse.

SECTION II.

Des maisons de débauche et de passe.

Art. 15. — Deux catégories de maisons de prostitution pourront être tolérées.

1° Les maisons de débauche où les femmes publiques sont à demeure fixe.

2° Les maisons de passe où les prostituées éparses sont admises.

Art. 16. — Chaque catégorie de maisons sera divisée en trois classes.

Art. 17. — Aucune maison de débauche ou de passe ne peut être établie sans l'autorisation du Collége des Bourgmestre et Échevins. Cette autorisation est essentiellement précaire et irrévocable.

Les tenants-maison de débauche ne pourront louer leurs maisons en appartements.

Les tenants-maison de passe ne pourront louer leurs maisons en appartements, si ce n'est à des femmes munies de leur carnet et régulièrement soumises aux visites sanitaires.

Il ne sera, dans aucun cas, permis de tenir simultanément maison de débauche et maison de passe.

Les maisons de débauche et de passe devront avoir, au-dessus de leur porte d'entrée, une lanterne de verre de couleur et de forme ronde. Le diamètre de la lanterne et la couleur du verre, pour chacune de ces maisons, seront désignés par le Collége des Bourgmestre et Échevins.

Art. 18. — Toute personne qui demandera l'autorisation d'établir une maison de prostitution, devra indiquer sa destination comme maison de débauche ou comme maison de passe, et désigner la classe dans laquelle elle veut que sa maison soit rangée, en conformité de l'art. 15. La demande contiendra, en outre, l'obligation de se soumettre aux dispositions du présent règlement et aux mesures qui seront arrêtées par le Collége, pour en assurer l'exécution.

Art. 19. — Toute femme en puissance de mari ne sera

autorisée à ouvrir une maison de débauche ou de passe, qu'avec l'assentiment par écrit de ce dernier.

Art. 20. — L'autorisation de tenir maison de prostitution ne passe point aux héritiers ou aux ayant-cause de ceux qui l'ont obtenue, sans le consentement préalable du Collége des Bourgmestre et Échevins.

Art. 21. — Aucune maison de débauche ou de passe ne pourra s'établir dans les rues d'un passage fréquent, à proximité des maisons d'éducation, d'établissements publics ou d'édifices consacrés aux cultes.

Art. 22. — Les prostituées éparses ou autres ne pourront se montrer aux fenêtres ou aux portes des maisons de débauche ou de passe. Les fenêtres de ces maisons seront toujours garnies de persiennes ou de rideaux épais placés à demeure.

Toute provocation à la débauche de la part des tenants-maison ou de leurs subordonnés est expressément défendue.

Art. 23. — Le libre accès des maisons de débauche ou de passe devra être livré à toute heure du jour et de la nuit aux agents de la police.

Art. 24. — Lorsqu'une maison clandestine de prostitution sera signalée au Collége des Bourgmestre et Échevins, il fera procéder à une enquête administrative pour s'assurer du fait, et ordonnera, s'il y a lieu, l'inscription des femmes au nombre des prostituées.

Le tenant-maison sera déféré aux tribunaux.

Art. 25. — Les tenants-maison de débauche ne pourront admettre chez eux aucune fille publique sans en avoir fait la déclaration préalable au dispensaire.

Art. 26. — Les tenants-maison de passe ne pourront recevoir chez eux que les filles régulièrement soumises aux visites sanitaires et munies de leur carnet.

Art. 27. — Les tenants-maison de débauche et de passe sont tenus de donner à la police les noms, les prénoms et l'âge des femmes de peine qu'ils tiennent à leur service, lesquelles seront soumises à la visite sanitaire lorsqu'elles seront âgées de moins de 50 ans.

Lorsqu'une maison de débauche ou de passe sera tenue par une femme non mariée ou hors de la puissance maritale, celle-ci sera également soumise à la visite sanitaire jusqu'à l'âge de 50 ans révolus.

Art. 28. — Il y aura dans chaque maison de débauche un registre côté et paraphé par l'inspecteur du service de santé.

Le tenant-maison y inscrira les noms, prénoms, âge, lieu de naissance et dernier domicile de chaque femme qui habitera sa maison, la date de son entrée et de sa sortie, ainsi que l'indication du lieu où elle aura déclaré se rendre en partant.

Lorsqu'un tenant-maison voudra renvoyer une femme, ou lorsque celle-ci voudra changer de demeure, il sera obligé d'en donner immédiatement avis au dispensaire, et de faire connaître, en même temps, le lieu où cette femme aura déclaré vouloir se rendre.

Art. 29. — Toute femme trouvée dans une maison de passe ou de débauche, sans carnet en règle ou sans les déclaration et inscription prescrites par les art. 25 et 26, sera passible des peines comminées par la section V.

Art. 30. — Les filles de maison de débauche seront logées, nourries, habillées et entretenues aux frais des tenants-maison chez qui elles habitent.

Lors de l'entrée d'une fille, il sera dressé par le tenant-maison un inventaire des objets d'habillement qu'elle apporte; cet inventaire sera visé dans les 48 heures par le commissaire de police.

Ces objets ne serviront pendant son séjour que pour autant qu'elle y consente. Ils lui seront rendus à sa sortie, ainsi que ceux qu'elle pourrait avoir acquis de ses deniers. Ces effets seront, dans les 24 heures, portés sur le même inventaire et soumis au même *visa*.

Art. 31. — Une retribution sera payée par tous les tenants-maison de débauche et de passe; le produit en sera destiné à couvrir les dépenses auxquelles donneront lieu les mesures sanitaires.

Art. 32. — La rétribution dont il est question à l'article précédent, sera répartie comme suit :

Les tenants-maison de débauche paieront par anticipation et sans restitution dans aucun cas, entre les mains du receveur communal, par mois :

Ceux de la première classe, pour 6 filles. . fr. 60 00

   »   id.   » 7 » . . » 68 00

   »   id.   » 8 » . . » 74 00

   »   id.   » 9 » . . » 76 00

   »   id.   » 10 » . . » 78 00

et successivement deux francs en plus pour chaque fille qui dépasserait ce nombre.

Ceux de la deuxième classe, pour 3 filles . . fr. 21 00

   »   id.   » 4 » . . » 26 00

   »   id.   » 5 » . . » 29 00

   »   id.   » 6 » . . » 31 00

   »   id.   » 7 » . . » 32 00

Ceux de la troisième classe pour 2 filles. . fr. 8 00

Ceux de la troisième classe pour 3 filles . . fr. 11 00
»   id.   » 4 » . . » 13 00
»   id.   » 5 » . . » 14 50
»   id.   » 6 » . . » 15 50
»   id.   » 7 » . . » 16 50

En suivant la progression d'un franc pour chaque fille
en plus dans les deux dernières classes.

Les tenants-maison de passe paieront par mois :

Ceux de la première classe . . . . fr. 25 00
»   deuxième » . . . . » 15 00
»   troisième. » . . . . » 5 00

Ces paiements se feront de la même manière que ceux
effectués par les tenants-maison de débauche.

SECTION III.

Mesures générales de Police.

Art. 33. — Il est expressément défendu aux filles publiques :

1° De sortir de chez elle dans un état peu décent, ou en
état d'ivresse.

2° De se montrer au portes et fenêtres de leurs maisons.

3° De s'arrêter et de former des groupes dans les rues,
sur les places et promenades publiques.

4° De commettre sur la voie publique aucune espèce de
scandale ou d'y tenir des propos obscènes.

5' D'accoster ou suivre les hommes sur la voie publique
ou de les appeler chez elles, même par signes.

6° De circuler dans le Parc.

7° De se trouver sur la voie publique après la cloche de
retraite.

Et 8° D'occuper aux théâtres, cirques, concerts ou divertissements publics, d'autres places que celles qui leur seront assignées par la police.

Mesures sanitaires.

Art. 34. — Les filles publiques subiront deux visites sanitaires par semaine.

La fille éparse qui se sera rendue exactement aux visites pendant quatre semaines consécutives, aura remise entière de la taxe.

Celle qui aura manqué d'exactitude sera soumise à double taxe pour chaque contravention ; elle pourra, en outre, être condamnée à un emprisonnement d'un à cinq jours.

Art. 35. — Les filles des maisons de débauche des première et seconde classe seront visitées à domicile, à moins que le Collége des Bourgmestre et Échevins n'en ordonne autrement.

Les filles des maisons de débauche de la troisième classe et les éparses, seront visitée dans le dispensaire à ce destiné.

Toutefois, il sera facultatif aux éparses de se faire visiter chez elles, pourvu qu'elles paient au dispensaire, par anticipation, quatre visites à la fois, à raison d'un franc par visite, y compris la rétribution ordinaire.

Art. 36. — Les bureaux du dispensaire seront ouverts tous les jours, les dimanches et fêtes exceptés, depuis neuf heures du matin jusqu'à trois heures de l'après-midi.

Les visites sanitaires s'y feront de onze heures du matin à deux heures de relevée.

Art. 37. — Le service sanitaire sera provisoirement confié

à trois médecins, dont deux chargés des visites, seront appelés médecins-inspecteurs; le troisième prendra le titre d'inspecteur-contrôleur.

Art. 38. — Les médecins chargés du service sanitaire devront, en tout temps et en personne; s'acquitter de leur mission; en cas d'impossibilité, ils pourvoiront à leur remplacement sous l'agréation du Collége des Bourgmestre et Échevins.

Art. 39. — Les médecins-inspecteurs feront alternativement, pendant un mois, l'un le service des filles éparses, l'autre celui des filles en maison.

Art. 40. — Le médecin chargé du service des éparses devra se trouver au dispensaire tous les jours, de onze heures du matin à deux heures de relevée, pour y faire les visites ordinaires et extraordinaires des femmes qui s'y présenteront.

Art. 41. — L'inspecteur-contrôleur s'assurera, par des contrevisites faites au moins tous les quinze jours, que les visites ont eu lieu avec tout le soin que réclame la santé publique.

Il surveillera journellement la visite du dispensaire et correspondra avec le Collége échevinal pour toutes les affaires du service.

Art. 42. — Il est expressément défendu aux médecins de recevoir aucune rétribution ou émolument pour tout ce qui concerne le service sanitaire, soit des tenants-maison de débauche ou de passe, soit des filles publiques.

Il leur est également défendu de traiter à domicile les tenants-maison, leurs servantes ou les filles qui s'y trouvent, quelle que soit la maladie dont ils puissent être atteints.

Art. 43. — Le médecin consignera, sur le carnet des

femmes publiques, les jour et heure de chaque visite.

Il tiendra, en outre, sur des registres déposés au dispensaire et dans chaque maison de débauche, note de l'état sain, malade ou douteux de chaque femme visitée, ainsi que des infractions au service sanitaire.

Ces déclarations seront revêtues de sa signature.

Art. 44. — Toute femme reconnue atteinte d'une affection syphilitique ou de toute autre maladie contagieuse, sera immédiatement envoyée en traitement. Celle dont l'état serait douteux, sera envoyée en observation jusqu'à ce que sa santé ou sa maladie soit bien constatée.

Art. 45. — Lorsque la guérison d'une femme publique autorisera sa sortie, elle sera immédiatement mise en liberté. Son ancien carnet lui sera rendu, à moins qu'elle ne préfère en prendre un nouveau.

Art. 46. — Les femmes publiques et les tenants-maison de débauche et de passe sont tenus d'obtempérer aux ordres des médecins.

Ceux qui les insulteraient d'une manière quelconque, pourront être arrêtés immédiatement et conduits devant un officier de police; ils seront punis conformément aux dispositions de l'art. 49.

Toute prostituée qui sera convaincue d'avoir employé quelque ruse ou quelque fraude pour tromper les médecins sur son état de santé, encourra le *maximum* des peines de police.

Art. 47. — Les tenants-maison de débauche sont responsables de l'exactitude des femmes à se présenter à la visite.

Art. 48. — Les tenants-maison de débauche et de passe seront obligés de se conformer aux prescriptions qui pourront leur être faites par le Collége des Bourgmestre et Éche-

vius, concernant les moyens préservatifs, tant pour les filles
que pour les individus admis près d'elles.

SECTION V.

Dispositions pénales.

Art. 49. — Indépendamment et sans préjudice des peines
portées par le code pénal, par les lois et règlements géné-
raux et locaux de police, les contraventions aux dispositions
du présent règlement seront punies de cinq à quinze francs
d'amende et d'un emprisonnement d'un à cinq jours, sépa-
rément ou cumulativement, selon les circonstances et la
gravité du fait.

Le maximum et le cumul de ces peines seront toujours
appliqués dans le cas de récidive.

En outre, le Collége pourra toujours prononcer la révo-
cation temporaire ou définitive de la disposition qui tolère la
maison de débauche ou de passe.

SECTION VI.

Dispositions générales.

Art. 50. — Le présent règlement sera publié et affiché
dans les formes ordinaires.

Expéditions en seront transmises à la Députation permanente du Conseil provincial, aux fins d'approbation, et aux
Greffes des Tribunaux de première instance et des Justices
de Paix.

Des exemplaires de ce règlement resteront constamment
affichés, par les soins et sous la responsabilité des tenants-

maison de débauche et de passe, dans toutes les chambres de ces maisons.

Ces exemplaires devront être placés sous verre, dans un cadre, et suspendus de manière à pouvoir aisément en prendre lecture.

Disposition transitoire.

Art. 51. — Les tenants-maison de débauche ou de passe sont tenus de demander, dans le mois de la publication du présent règlement et dans la forme prescrite par l'article 17, une autorisation nouvelle, sans peine de déchéance et sans préjudice aux peines comminées par le présent règlement.

Fait en séance du Conseil communal, à Bruxelles, le 18 Avril 1844.

Le Bourgmestre.
Chev^r. WYNS.

Par le Conseil :
Le Secrétaire,
WAEFELAER.

Vu et approuvé par la Députation permanente du Conseil provincial.

Bruxelles, le 24 Mai 1844.

Le Président.
B^{on} DE VIRON.

Par ordonnance :
Le Greffier provincial,
DU CHÊNE.

Publié et affiché à Bruxelles, le 1er Juillet 1844.

Le Secrétaire de la Ville,
WAEFELAER.

MESURES

Arrêtées par le Collége des Bourgmestre et Échevins pour l'exécution du Réglement de Police sur la Prostitution, en date du 18 Avril 1844.

Les Bourgmestre et Échevins,

Vu l'ordonnance de police concernant la prostitution portée par la Députation du Conseil communal le 18 avril 1844, et approuvée par la Députation du Conseil provincial le 24 mai suivant;

Voulant prescrire les mesures propres à assurer l'exécution pleine et entière de cette ordonnance par l'adoption de certaines dispositions autorisées par la loi, et qui sont de nature à ne pouvoir figurer dans un réglement soumis à la publicité;

Vu les art. 90 et 96 de la loi communale du 30 mars 1836.

Arrêtent :

§ 1. — *Des filles publiques, de leur inscription et de leur radiation.*

Article. 1. — Les inscriptions des filles publiques auront lieu sur des registres tenus conformément aux modèles Lᵃ Lᵃ A et B. ci-annexé.

Art. 2. — Toute inscription, soit volontaire, soit d'office sera constatée dans un procès-verbal rédigé par l'employé du dispensaire et qui portera en même temps la mention qu'il a été donné lecture à la femme inscrite des dispositions du réglement qui la concernent.

Art. 3. — Toute filles ou femme qui sera signalée comme se livrant clandestinement à la prostitution, sera mandée au bureau de police pour y être entendue et produire, le cas échéant, ses moyens de justification.

Les procès-verbaux et rapports qui auront été rédigés à sa charge, ainsi que ses réponses écrites, seront transmis au Collége des Bourgmestre et Échevins, qui ordonnera, s'il y a lieu, son inscription d'office sur les contrôles des filles publiques.

Dans ce dernier cas, la décision du Collége sera notifiée à la fille dans les vingt-quatre heures, par les soins de l'officier de police chargé du service de la prostitution.

Art. 4. — Toute fille inscrite d'office devre se présenter immédiatement au dispensaire, pour y recevoir son carnet et subir une première visite des médecins. Elle pourra même y, être amenée au moment même de la notification de la décision du Collége, si elle est suspecte d'être atteinte de maladie contagieuse.

Art. 5. — Toute fille non inscrite qui sera surprise se livrant publiquement à la prostitution, sera immédiatement arrêtée et conduite au bureau de police pour y être interrogée. Elle pourra ensuite, s'il y a lieu, être envoyée au dispensaire pour y subir une visite des médecins; dans ce cas, les officiers ou agents de police dresseront un rapport très-détaillé des circonstances qui auront motivé l'arrestation, et il sera ensuite agi à l'égard de la fille comme il est dit aux art. 4 et 5 ci-dessus, à moins qu'elle ne demande elle-même son inscription sur les contrôles des prostituées.

Art. 6. — Les carnets qui seront délivrés aux filles publiques seront en tout conformes aux modèles ci-annexés Lᵃ Lᵃ C et D.

Lorsqu'une fille inscrite changera de catégorie, il lui sera délivré un nouveau carnet.

Art. 7. — Toute fille qui se présentera à l'inscription subira un interrogatoire. L'employé du dispensaire s'enquerra avec le plus grand soin de l'exactitude de ses noms, âge, lieu de naissance, dernier domicile, et des causes qui l'ont entraînée à se livrer à la prostitution.

Art. 8. — Lorsqu'une fille, demandant son inscription, annoncera de bons sentiments, ou ne sollicitera cette inscription que pour une cause indépendante de sa volonté, l'employé du dispensaire l'interrogera sur sa position de famille et en informera immédiatement la Division de Police.

Celle-ci devra, dans ces circonstances, donner avis de la demande d'inscription aux parents de la fille, et leur indiquer, le cas échéant, les moyens qu'ils pourraient employer pour la détourner du vice.

Art. 9. — Conformément à l'article 10 du réglement du 18 avril 1844, les filles éparses seront divisées en quatre classes. La classification aura lieu en prenant égard à l'âge et à la position de chaque fille.

§ 2. — *Des maisons de débauche et de passe.*

Art. 10. — La lanterne que les tenants-maison de prostitution doivent placer au-dessus de la porte d'entrée de leurs établissements, sera de couleur rouge pour les maisons de débauche et de couleur jaune pour les maisons de passe. Toutes auront trente centimètres de diamètre.

Ces lanternes seront toujours soigneusement allumées dès la chute du jour jusqu'à l'heure de la cloche de retraite.

Art. 11. — Les deux catégories de maisons de prostitution seront divisées chacune en trois classes, comme suit, savoir :

MAISONS DE DÉBAUCHE.

La première classe comprendra les maisons où les faveurs se payent cinq francs et au-delà.

La deuxième classe celles où les faveurs se payent de deux à cinq francs.

Et la troisième classe celles où les faveurs se payent moins de deux francs.

MAISONS DE PASSE.

La première classe comprendra les maisons où le prix d'entrée est fixé à deux francs et plus.

La deuxième classe celles où le prix d'entrée est fixé de un à deux francs.

Et la troisième classe celles où le prix d'entrée est de moins d'un franc.

Art. 12. — Toute personne qui demandera l'autorisation d'établir une maison de prostitution, devra, indépendamment de la désignation de la classe dans laquelle elle désire que sa maison soit rangée, indiquer les prix qu'elle compte exiger.

Les tenants-maison de débauche ou de passe qui seront convaincus d'avoir exigé un prix supérieur, seront dénoncés au Collége, qui prendra, à leur égard, les mesures administratives que le cas comportera.

Art. 13. — Les maisons de débauche et de passe devront

être tenues dans un état constant de propreté, et, autant que possible, chaque femme publique aura sa chambre particulière où elle devra avoir à sa disposition tout ce que la propreté exige.

Art. 14. — Il y aura toujours dans chacune des chambres des maisons de débauche et de passe où les hommes sont admis :

1° Un flacon contenant une solution de soude caustique (1 partie de lessive de soude à 35° sur 20 d'eau distillée).

2° Un flacon d'huile fraîche, le tout lisiblement étiqueté.

3° Du linge blanc et deux vases remplis d'eau fraîche.

§ 3. — *Des visites sanitaires.*

Art. 15. — L'employé du dispensaire préparera, à l'avance et sur des feuilles détachées, la liste des femmes qui devront se présenter chaque jour à la visite.

Les médecins y inscriront le résultat de leurs explorations; après quoi, la liste sera envoyée à la Division de Police.

Art. 16. — Toute femme publique qui aura négligé de se rendre à la visite sanitaire, sera immédiatement arrêtée et conduite au dispensaire, sans préjudice des peines établies par l'art. 34 de l'ordonnance du 18 avril 1844.

Art. 17. — Les visites sanitaires seront faites avec le plus grand soin ; les médecins emploieront à cet effet les instruments en usage dans l'art de la chirurgie.

Art. 18. — Les médecins seront tenus de faise des visites extraordinaires chaque fois qu'ils en seront requis, soit par les tenants-maison qui auraient des doutes sur la santé de leurs filles, soit par la police, soit enfin dans toute circonstance où ils soupçonneraient qu'une fille est atteinte d'affection contagieuse.

Art. 19. — Lorsque les médecins trouveront nécessaire d'envoyer une fille de maison à l'hôpital, le tenant-maison sera tenu de l'y faire conduire immédiatement en voiture.

§ 4 — *Dispositions générales.*

Art. 20. — Tous transports de filles publiques, tant au dispensaire que du dispensaire à l'hôpital, devront être effectués en voiture.

Art. 21. Des visites fréquentes seront faites dans les maisons de débauche et de passe par les agents de la police, pour s'assurer si les tenants-maison se conforment exactement au prescrit des règlements.

Ces agents transmettront à la Division de Police un rapport de chaque visite qu'ils auront faite.

Art. 22. — Il sera immédiatement pourvu à la nomination d'un employé chargé des écritures de bureau au dispensaire.

Cet employé sera, en même temps, chargé de percevoir les rétributions imposées aux tenants-maison de prostitution et aux filles publiques éparses.

Tous les mois, il rendra compte de ses recettes au Collége des Bourgmestre et Échevins, qui en ordonnera le versement au bureau du receveur de la Ville.

Art. 23. — Un exemplaire du présent arrêté sera remis à chaque tenant-maison de prostitution, qui sera tenu de s'y conformer sous les peines établies par l'ordonnance du 18 avril 1844.

Fait en séance du Collége, à l'Hôtel-de-Ville, à Bruxelles, le 5 juillet 1844.

Le Secrétaire,
WAEFELAER.

Le Bourgmestre,
Chev^r. WYNS.